Nosotros, el pueblo
Los documentos fundacionales

Torrey Maloof

Asesores

Katie Blomquist, Ed.S.
Escuelas Públicas del Condado de Fairfax

Nicholas Baker, Ed.D.
Supervisor de currículo e instrucción
Distrito Escolar Colonial, DE

Créditos de publicación:

Rachelle Cracchiolo, M.S.Ed., *Editora comercial*
Conni Medina, M.A.Ed., *Redactora jefa*
Emily R. Smith, M.A.Ed., *Realizadora de la serie*
Diana Kenney, M.A.Ed., NBCT, *Directora de contenido*
Caroline Gasca, M.S.Ed., *Editora superior*
Johnson Nguyen, *Diseñador multimedia*
Torrey Maloof, *Editora*
Sam Morales, M.A., *Editor asociado*
Jill Malcolm, *Diseñadora gráfica básica*

Créditos de imágenes: págs.2–3, 6 LOC [LC-DIG-highsm-15713]; págs.4, 17 Granger, NYC; pág.5 LOC [LC-USZ62-3795]; pág.7 National Archives and Records Administration; pág.8 LOC [LC-USZC4-9904]; pág.9 U.S. Capitol/ Dominio público; págs.10, 11, 12, 13 North Wind Picture Archives; pág.11 American Treasures of the Library of Congress; pág.16 LOC [us0048]; págs.16, 18–19 Wikimedia Commons/Dominio público; pág.18 LOC [LC-USZ62-70508]; pág.20 JSP Studios/Alamy; págs.22–23 Sonya N. Hebert/ White House; pág.24 LOC [LC-DIG-ppmsca-37229]; pág.26 Chuck Pefley/ Alamy; pág.27 (superior) National Archives, General Records of the U.S. Government, (centro) The Abraham Lincoln Papers at the Library of Congress, Manuscript Division, (inferior) NARA [26080947]; págs.28–29 Michael Ventura/Alamy; LOC [LC-DIG-ppmsca-37229]; todas las demás imágenes cortesía de iStock y/o Shutterstock.

Library of Congress Cataloging-in-Publication Data

Names: Maloof, Torrey, author.
Title: Nosotros, el pueblo : los documentos fundacionales / Torrey Maloof.
Other titles: We the people. Spanish
Description: Huntington Beach, California : Teacher Created Materials, 2020. | Audience: Grade 4 to 6. | Summary: "The Declaration of Independence, the Articles of Confederation, and the Constitution--these are the founding documents of the United States of America. Inside these pages, you will learn their meaning and purpose and see how a collection of words on parchment built a powerful nation"-- Provided by publisher.
Identifiers: LCCN 2019014773 (print) | LCCN 2019981278 (ebook) | ISBN 9780743913669 (paperback) | ISBN 9780743913676 (ebook)
Subjects: LCSH: United States--Politics and government--1775-1783--Sources--Juvenile literature. | United States--Politics and government--1783-1791--Sources--Juvenile literature.
Classification: LCC E210 .M33518 2020 (print) | LCC E210 (ebook) | DDC 320.973/09033--dc2 3
LC record available at https://lccn.loc.gov/2019014773
LC ebook record available at https://lccn.loc.gov/2019981278

Teacher Created Materials

5301 Oceanus Drive
Huntington Beach, CA 92649-1030
www.tcmpub.com

ISBN 978-0-7439-1366-9

© 2020 Teacher Created Materials, Inc.
Printed in China
Nordica.102019.CA21901929

Contenido

Palabras poderosas

Es el año 1963. Más de 200,000 personas se agolpan en la Explanada Nacional. Es un día caluroso de verano, demasiado caluroso para algunos. Se les puede ver refrescándose los pies en la piscina reflectante. Un hombre está de pie frente al Monumento a Lincoln. Da un discurso sobre sus sueños. En el discurso dice: "Tengo el sueño de que un día esta nación se levantará y vivirá el verdadero significado de su credo: 'Sostenemos como evidentes estas verdades: que *todos los hombres son creados iguales*'". El doctor Martin Luther King Jr. cita la Declaración de Independencia. La usa para expresar lo que piensa sobre la igualdad y la libertad. Mientras habla, un hombre enorme hecho de mármol está sentado detrás de él. Ese hombre es Abraham Lincoln.

Martin Luther King Jr. da su famoso discurso "Tengo un sueño".

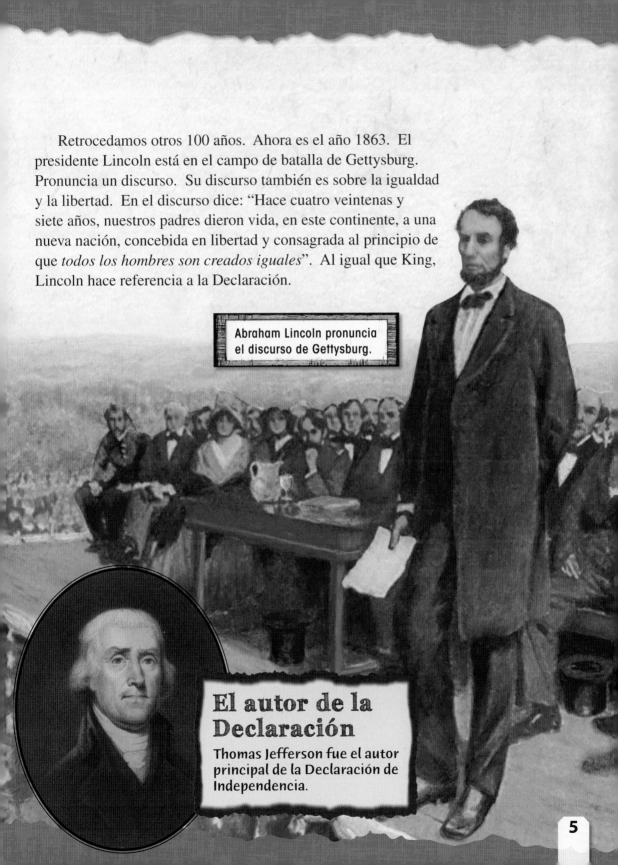

Retrocedamos otros 100 años. Ahora es el año 1863. El presidente Lincoln está en el campo de batalla de Gettysburg. Pronuncia un discurso. Su discurso también es sobre la igualdad y la libertad. En el discurso dice: "Hace cuatro veintenas y siete años, nuestros padres dieron vida, en este continente, a una nueva nación, concebida en libertad y consagrada al principio de que *todos los hombres son creados iguales*". Al igual que King, Lincoln hace referencia a la Declaración.

Abraham Lincoln pronuncia el discurso de Gettysburg.

El autor de la Declaración

Thomas Jefferson fue el autor principal de la Declaración de Independencia.

Los documentos fundacionales se exhiben en el edificio de los Archivos Nacionales, en Washington D. C.

La Declaración de Independencia es uno de los **documentos** fundacionales de Estados Unidos. Esos documentos son los textos importantes sobre los que se construyó el país. Esos textos cambiaron el curso de la historia. Cuentan la historia de Estados Unidos. Contienen los ideales en los que se basa Estados Unidos. Simbolizan la libertad. Simbolizan el cambio. Pero ¿cuáles son esos documentos?

Como dijimos antes, uno es la Declaración de Independencia. Esta carta dirigida al rey de Gran Bretaña encendió la chispa de la Revolución estadounidense. Dio origen a un nuevo país. Otro de los documentos es el de los **Artículos** de la **Confederación**. Fue el primer intento de crear una **constitución** para la nación. Estableció las reglas para el nuevo gobierno de la joven nación. Luego, está la Constitución que conocemos hoy. Explica cómo deben funcionar el país y su gobierno. Y, por último, está la Carta de **Derechos**. Esta sección de la Constitución protege las libertades individuales de todos los estadounidenses.

ARTICLES
OF
CONFEDERATION
AND
PERPETUAL UNION
BETWEEN THE
STATES
OF
NEW-HAMPSHIRE, MASSACHUSETTS-BAY, RHODE-ISLAND
AND PROVIDENCE PLANTATIONS, CONNECTICUT, NEW-
YORK, NEW JERSEY, PENNSYLVANIA, DELAWARE, MARY-
LAND, VIRGINIA, NORTH-CAROLINA, SOUTH-CAROLINA
AND GEORGIA.

Lenguaje cotidiano

Los documentos fundacionales están redactados en un inglés cotidiano, sencillo. ¡Pero no te darías cuenta si los leyeras! Hoy en día, ese lenguaje nos resulta difícil de leer. Eso es porque, con el paso del tiempo, el idioma inglés ha cambiado mucho.

Visitantes leen los documentos fundacionales en Washington D. C.

El lenguaje de esos documentos puede ser difícil de entender. Hoy en día, no escribimos ni hablamos como lo hacían los Padres Fundadores. Pero no debemos dejar que eso nos impida leer y analizar estos textos. Es importante conocer el significado y el propósito de cada uno de esos documentos; porque sin ellos, Estados Unidos no sería lo que es hoy.

La Declaración de Independencia

Es el verano de 1776. Después de un largo debate, el **Congreso Continental** ha decidido que llegó el momento de declarar la independencia de Gran Bretaña. Se necesita crear un documento especial. En él se explicarán todas las razones por las que los colonos desean, y merecen, la libertad. Thomas Jefferson lo escribirá. Luego, una comisión lo revisará. El documento será la Declaración de Independencia.

La comisión encargada de la Declaración revisa un borrador de la Declaración de Independencia.

El Congreso Continental firma la Declaración de Independencia en 1776.

La primera oración de la Declaración establece su propósito. Jefferson expresó de manera clara que había llegado el momento de la "separación" entre las dos naciones. Escribió que las "leyes de la naturaleza y el Dios de esa naturaleza" les dan a los colonos el derecho a liberarse de Gran Bretaña. Jefferson dijo que iba a enumerar las razones que obligan a esa separación más adelante en el documento.

La segunda oración es la más famosa. Se cita con mucha frecuencia. Inspira a personas de todo el mundo. Jefferson escribió: "Todos los hombres son creados iguales". Explicó que todos deben tener los mismos derechos básicos. Deben tener derecho a vivir con libertad y felicidad.

Benjamin Banneker

Todos los hombres

En la época en que se escribió la Declaración, la **esclavitud** era legal. Benjamin Banneker era un hombre negro libre. En 1791, Banneker le escribió a Jefferson. Le recordó a Jefferson sus famosas palabras, todos los hombres, con la esperanza de que se uniera a la lucha para terminar con la esclavitud. Pero, lamentablemente, la esclavitud continuó muchos años más.

Jefferson luego escribió que el poder del gobierno está en manos del pueblo. La función principal del gobierno es proteger los derechos básicos del pueblo. Si el gobierno no hace su trabajo, el pueblo puede "derrocar a ese gobierno" y formar otro nuevo.

Luego, Jefferson escribió sobre el rey Jorge III. Proclamó con audacia que el rey de Gran Bretaña había ejercido una "**tiranía** absoluta". Les había quitado los derechos básicos a los colonos. Ese era el motivo por el que declaraban la independencia. Para demostrarlo, Jefferson enumeró una larga lista de quejas contra el rey.

La lista muestra cómo el rey puso en riesgo a los colonos y les hizo perder dinero. Jefferson observó que el rey se negó a aprobar leyes que ayudarían a los colonos. Les cobró impuestos sin su consentimiento. Impidió que las colonias comerciaran con otros países. El rey les negó el juicio por jurado. Los obligó a mantener a las tropas británicas. El rey dijo que no protegería a los colonos de los enemigos. Y la lista seguía.

Los colonos arrojan té británico en el puerto de Boston para protestar contra los impuestos británicos.

Los colonos protestan contra los impuestos británicos injustos.

el borrador original de Jefferson de la Declaración de Independencia

Correcciones controvertidas

En el primer borrador de la Declaración, Jefferson escribió una sección sobre por qué el comercio de esclavos era algo malo. John Adams y Benjamin Franklin lo apoyaron. Pero otros no. Algunos se negaron a firmar el documento hasta que se quitara esa sección.

Los colonos escuchan mientras la Declaración de Independencia se lee por primera vez.

Después de la lista de **agravios**, Jefferson explicó que ese no era el primer intento de los colonos de informar al rey sobre los problemas que enfrentaban. Lo habían intentado varias veces. Pero el rey ignoró todos sus pedidos. Jefferson declaró que, además, habían pedido ayuda al gobierno británico y a sus ciudadanos. Esas peticiones también fueron ignoradas. Jefferson escribió: "También ellos han hecho oídos sordos a la voz de la justicia".

Jefferson escribió al rey que las colonias estaban "unidas". Habían formado un nuevo país: Estados Unidos de América. El país estaría compuesto de "estados libres e independientes". Luego Jefferson declaró que esos estados quedaban "**absueltos** de toda **lealtad** a la corona británica". Ya no estarían atados al gobierno británico. Podían librar guerras por su cuenta. Podían firmar sus propios acuerdos de paz. Podían comerciar con los países que quisieran. Estados Unidos había anunciado públicamente su independencia.

La carta está firmada por 56 personas. Firmar ese documento fue una acción muy valiente. Si Estados Unidos no hubiera ganado la Revolución, a estos hombres los habrían colgado por **traición**.

La Declaración sirve de inspiración para muchos países del mundo. Demuestra que todos pueden exigir la igualdad de derechos.

Firme aquí

Como presidente del Congreso Continental, John Hancock fue el primero en firmar la Declaración. Cuenta la leyenda que firmó con letras muy grandes para que el rey la pudiera leer sin lentes. Pero otros señalan que Hancock usaba esa firma grande en casi todos sus documentos.

Los Artículos de la Confederación

Ahora que Estados Unidos había declarado su independencia, necesitaba formar un gobierno. Necesitaba un gobierno nacional que uniera a los estados individuales bajo un solo conjunto de reglas. El Congreso decidió escribir una constitución. Sería el primer conjunto de reglas que tendría la nueva nación. Esas reglas se conocerían como los Artículos de la Confederación.

El Congreso enfrentó un gran problema al redactar los Artículos. Algunos líderes pensaban que tenía que haber un gobierno nacional fuerte, uno que pudiera cobrar impuestos a los ciudadanos y recaudar dinero para la guerra contra Gran Bretaña. Pero otros pensaban que un gobierno nacional fuerte quitaría derechos a los ciudadanos. Temían que fuera muy parecido al gobierno británico. Esos **delegados** querían que cada estado tuviera más poder que el gobierno nacional.

También estaba el problema de cuánto poder tendría cada estado. ¿Los estados más grandes tendrían más poder? ¿O todos los estados tendrían el mismo poder? Había que tomar muchas decisiones difíciles. ¡Y había que hacerlo rápido!

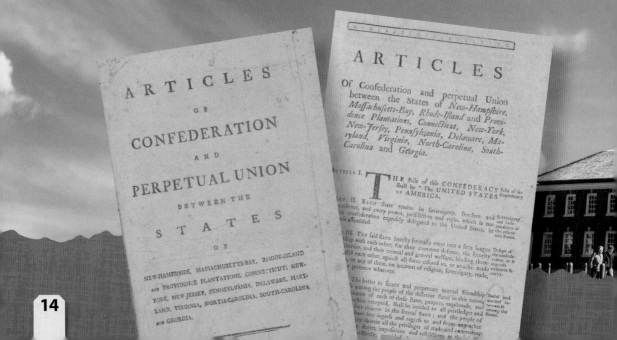

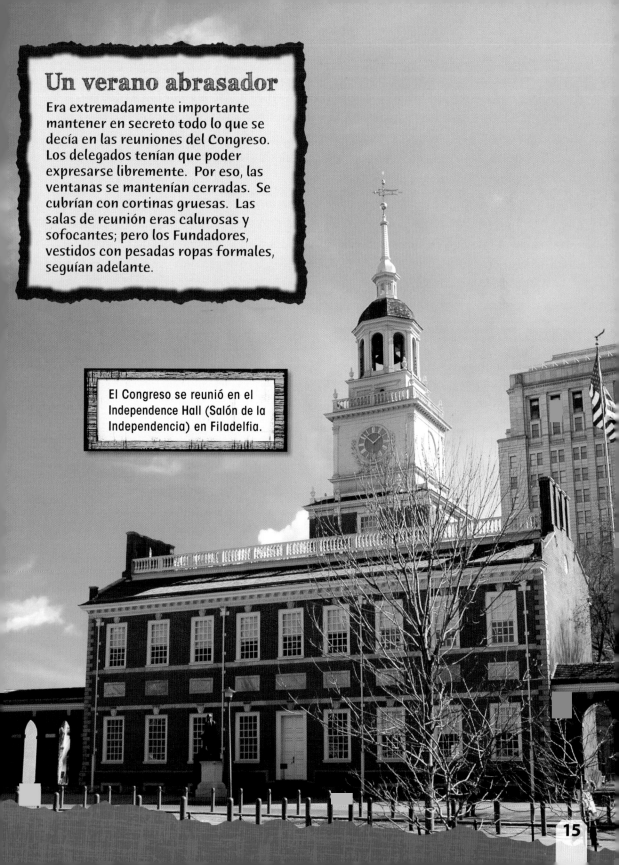

Un verano abrasador

Era extremadamente importante mantener en secreto todo lo que se decía en las reuniones del Congreso. Los delegados tenían que poder expresarse libremente. Por eso, las ventanas se mantenían cerradas. Se cubrían con cortinas gruesas. Las salas de reunión eras calurosas y sofocantes; pero los Fundadores, vestidos con pesadas ropas formales, seguían adelante.

El Congreso se reunió en el Independence Hall (Salón de la Independencia) en Filadelfia.

El 15 de noviembre de 1777, el Congreso aceptó y adoptó los Artículos de la Confederación. Cada estado conservaría su libertad e independencia. Tendría control sobre sí mismo. Pero cada estado, además, formaría parte de una "fuerte liga de amistad". Los estados se ayudarían mutuamente y trabajarían juntos para defender al país de ataques.

Los Artículos establecían que no habría un presidente de Estados Unidos, sino un presidente del Congreso. Ese presidente no tendría poder. No podría participar de las reuniones. Solamente podía dirigir los debates de las reuniones. Ni siquiera tendría permitido votar. Los delegados elegirían un presidente nuevo cada año.

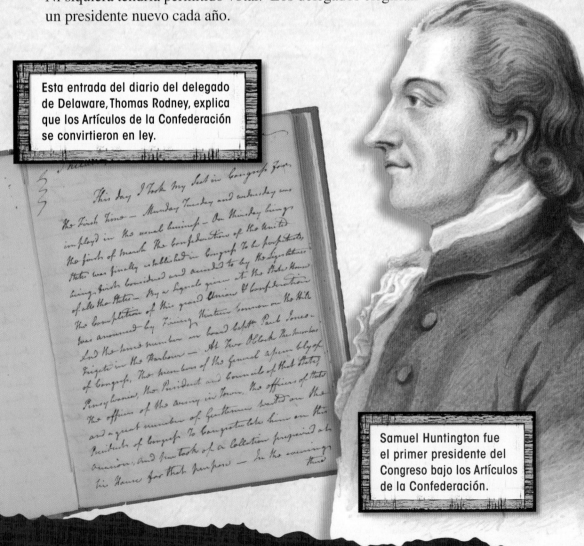

Esta entrada del diario del delegado de Delaware, Thomas Rodney, explica que los Artículos de la Confederación se convirtieron en ley.

Samuel Huntington fue el primer presidente del Congreso bajo los Artículos de la Confederación.

Los Artículos tenían algunos puntos fuertes. Protegían los derechos de los estados y acompañaron al nuevo país durante la Revolución. Pero tenían muchos puntos débiles. El Congreso tenía un poder muy limitado. No había tribunales nacionales. El Congreso no podía cobrar impuestos a los ciudadanos; solo podía pedir dinero a los estados. El tamaño y la población de cada estado no importaban. Todos tenían el mismo poder. Cada estado tenía un voto en el Congreso.

El resultado de todo eso fue un gobierno central muy débil. Comenzaron a surgir problemas. El país estaba pasando dificultades. En 1787, muchos estaban de acuerdo con que había llegado el momento de hacer algunos cambios... ¡grandes cambios!

STEPS IN THE ESTABLISHMENT OF A MORE STABLE GOVERNMENT

The FEDERAL CONSTITUTION

PHILADELPHIA CONVENTION 1787

ANNAPOLIS CONVENTION 1786

MT. VERNON CONVENTION 1785

ARTICLES OF CONFEDERATION

Esta caricatura del siglo xx muestra que los Artículos de la Confederación fueron un peldaño en la escalera de la redacción de la Constitución de EE. UU.

Dinero en desorden

El gobierno nacional no podía recaudar dinero suficiente para financiar la guerra. Para peor, los diferentes estados usaban distintos tipos de moneda. Algunos estados no aceptaban el dinero de otros estados. Todo esto sucedía porque los Artículos no incluían reglas sobre el dinero.

dólares continentales de 1776

La Constitución

En mayo, delegados de 12 de los 13 estados se reunieron en Filadelfia. Se reunieron para modificar los Artículos de la Confederación. Los 55 delegados aceptaron trabajar juntos. Querían mejorar las leyes de Estados Unidos. Estos hombres luego serían conocidos como los artífices de la Constitución porque, en vez de mejorar los Artículos, crearon un documento nuevo. Redactaron, o escribieron, la Constitución de Estados Unidos.

THE
FEDERALIST:
A COLLECTION OF
ESSAYS,
WRITTEN IN FAVOUR OF THE
NEW CONSTITUTION,
AS AGREED UPON BY THE
FEDERAL CONVENTION,
SEPTEMBER 17, 1787.

IN TWO VOLUMES.

¿Por qué el cambio?

Algunas personas se quejaron de los cambios que se estaban haciendo mientras se redactaba la Constitución. Entonces, Alexander Hamilton, James Madison y John Jay escribieron cartas para explicar por qué los cambios eran buenos para el gobierno. Esas cartas se conocieron como *The Federalist Papers*.

La Constitución se firmó el 17 de septiembre de 1787.

Ausente

Rhode Island no quería cambiar los Artículos de la Confederación. Por lo tanto, no envió a ningún delegado a las reuniones de Filadelfia. Pero más tarde aceptó firmar la Constitución una vez que estuvo redactada.

El Preámbulo

La Constitución comienza con el Preámbulo. El Preámbulo es una introducción. En inglés tiene 52 palabras. Explica el propósito de la Constitución. Las primeras tres palabras del Preámbulo, *Nosotros, el pueblo*, son algunas de las palabras más poderosas del documento. Estas palabras se refieren a todos y cada uno de los ciudadanos de Estados Unidos. Dejan en claro que el poder del gobierno de EE. UU. está en manos de sus ciudadanos. Es el pueblo el que le da el poder al gobierno, no al revés. El Preámbulo luego explica que la Constitución va a compensar la debilidad de los Artículos. Está pensada para "formar una unión más perfecta". Logrará esto creando leyes justas y manteniendo la paz. Y fomentará el bienestar y la libertad de todos los ciudadanos de Estados Unidos.

Los artículos

Después del Preámbulo, hay siete artículos, o secciones. Los artículos describen la manera en que el gobierno debe dirigir el país. Los artífices de la Constitución dividieron el gobierno en tres poderes, o ramas. Hicieron eso para evitar que una de las ramas tuviera demasiado poder. Así crearon un sistema de controles y contrapesos. Eso está resumido en los tres primeros artículos.

El artículo I habla sobre el poder legislativo. Su función es crear leyes. El Congreso es parte de esta rama. El Congreso está compuesto por el Senado y la Cámara de **Representantes**. La Constitución explica que cada estado tiene dos senadores. Pero el número de representantes varía: depende de cuántas personas viven en cada estado. Los estados con más habitantes tienen más miembros en la Cámara.

El artículo II explica cómo es el poder ejecutivo. Su función es hacer cumplir las leyes. El presidente de Estados Unidos es el jefe de esta rama. La Constitución tiene reglas que dicen quién puede ser presidente. El poder ejecutivo incluye al vicepresidente, el **gabinete** presidencial y los miembros de las fuerzas armadas.

El artículo III trata sobre el poder judicial. El poder judicial es el sistema de tribunales **federales**, o nacionales. Su función es interpretar las leyes. La Constitución dice cómo se seleccionan los jueces federales. Explica cómo funciona la Corte Suprema. La Corte Suprema es el tribunal de mayor autoridad de Estados Unidos.

¿Por qué votamos los martes?

En 1845, el Congreso eligió el primer martes de noviembre como el día de elecciones. Noviembre era un buen mes porque estaba entre la temporada de siembra y la cosecha. Votar un martes daba a las personas un día para viajar, un día para votar y un día para volver a casa. Podían hacer todo eso sin que interfiriera con el día de mercado ni con los tres días de culto.

Este hombre vota en unas elecciones.

Poder judicial
- Puede declarar inconstitucionales las acciones del poder ejecutivo.

Poder ejecutivo
- Nombra los jueces federales.

Poder ejecutivo
Hace cumplir las leyes.

Poder legislativo
- Puede anular un veto.
- Puede declarar la guerra a otros países.
- Puede remover al presidente de su cargo.

Poder ejecutivo
- Puede proponer leyes.
- Puede vetar, o rechazar, leyes.
- Puede llamar a sesiones especiales del Congreso.

Poder judicial
Interpreta las leyes.

Poder legislativo
- Puede remover a jueces de su cargo.
- Puede anular fallos judiciales.
- Aprueba los nombramientos de los jueces federales.

Poder judicial
- Puede declarar inconstitucionales las acciones del Congreso.

Poder legislativo
Hace las leyes.

El presidente Barack Obama jura al asumir su cargo en 2013.

El artículo cuarto de la Constitución habla sobre los estados. Explica los deberes que tienen los estados con respecto al gobierno federal. También describe las obligaciones que tiene el gobierno federal con respecto a los estados. Y habla de la relación entre los estados.

El artículo quinto trata sobre las **enmiendas**, o cambios. Los artífices de la Constitución entendieron que, a medida que el país creciera, sería necesario hacer cambios en la Constitución. Se pueden agregar nuevas enmiendas, ¡pero hay ciertas reglas! Los estados pueden llamar a una convención constitucional. O dos tercios del Senado o de la Cámara deben aceptar el cambio. Luego, los estados deben votar a favor del cambio. Así es como se han agregado todas las enmiendas.

El artículo sexto recuerda a las personas que la Constitución es la "ley suprema de la nación". Es la ley más importante del país. Este artículo explica que las leyes federales están por encima de las leyes de los estados o las leyes locales. También habla sobre los **juramentos**. Dice que todos los miembros del gobierno deben jurar que cumplirán y harán cumplir la Constitución.

El artículo séptimo tiene una sola oración. Es el último artículo. Dice cómo se debe **ratificar** la Constitución. Ratificar es hacer algo oficial mediante la firma o el voto. Nueve de los 13 estados tenían que ratificar la Constitución para hacerla oficial. En 1790, los 13 estados habían aprobado el documento.

La Carta de Derechos

"¡No tiene una declaración de derechos!", gritó George Mason, de Virginia. Mason quería que se agregara una lista de derechos a la Constitución. Dijo que prefería "cortarse la mano derecha" antes que firmar la Constitución así como estaba. Por suerte para la mano derecha de Mason, se agregaron 10 enmiendas. Se conocen como la Carta de Derechos. Protegen los derechos de todos los ciudadanos estadounidenses.

La Primera Enmienda es poderosa. Salvaguarda las libertades individuales. Establece que los estadounidenses pueden practicar cualquier religión libremente, sin ser perseguidos. También pueden decir lo que quieran sin temor. Tienen libertad de expresión. Los estadounidenses hasta pueden criticar a su gobierno sin que eso les cause problemas. La prensa también tiene derecho a expresarse libremente. Ya sea en un programa de noticias de televisión o en un artículo en internet, la prensa puede decidir qué historias quiere dar a conocer. Por último, la Primera Enmienda garantiza el derecho de reunión. Las personas pueden reunirse para hablar sobre los problemas del país. Pueden hacer públicos esos problemas.

Hay nueve enmiendas más. ¿Sabes cuál dice que los estadounidenses pueden tener armas? ¿Sabes cuáles protegen a las personas que han sido acusadas de cometer delitos? Estudia la gráfica con atención. Aprende qué derechos protege cada enmienda.

Estas personas ejercen los derechos de la Primera Enmienda en 1963 participando en la Marcha sobre Washington por el trabajo y la libertad.

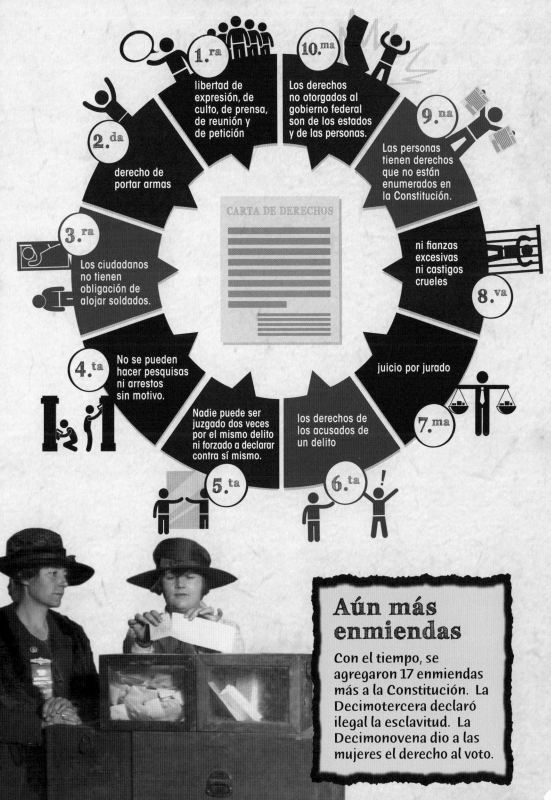

CARTA DE DERECHOS

1.ra libertad de expresión, de culto, de prensa, de reunión y de petición

2.da derecho de portar armas

3.ra Los ciudadanos no tienen obligación de alojar soldados.

4.ta No se pueden hacer pesquisas ni arrestos sin motivo.

5.ta Nadie puede ser juzgado dos veces por el mismo delito ni forzado a declarar contra sí mismo.

6.ta los derechos de los acusados de un delito

7.ma juicio por jurado

8.va ni fianzas excesivas ni castigos crueles

9.na Las personas tienen derechos que no están enumerados en la Constitución.

10.ma Los derechos no otorgados al gobierno federal son de los estados y de las personas.

Aún más enmiendas

Con el tiempo, se agregaron 17 enmiendas más a la Constitución. La Decimotercera declaró ilegal la esclavitud. La Decimonovena dio a las mujeres el derecho al voto.

Una base sólida

Hay muchos textos clave en la historia de Estados Unidos, además de los documentos fundacionales. Algunos documentos cambiaron el país. Lo ayudaron a crecer. Y continúan guiándolo hacia un futuro mejor. Inspiran a las personas y las hacen sentirse orgullosas de ser estadounidenses. Algunos de esos documentos son tratados, discursos y canciones. Otros son cartas, transcripciones y fotografías. Cada uno cuenta una historia sobre Estados Unidos. Pero esos documentos no existirían si no fuera por los documentos fundacionales.

La Declaración de Independencia dio origen a la nación. Motivó a los estadounidenses a luchar por su libertad y a defender sus derechos. Los Artículos de la Confederación constituyeron la plataforma sobre la que se levantó la joven nación. Probaron que una nación podía ser gobernada por su pueblo en lugar de un rey. Luego vino la Constitución. Ese documento no solo protege las libertades individuales de los estadounidenses, sino que demuestra que un país puede crecer y cambiar sin dejar de lado sus creencias y principios básicos.

Esos tres documentos son muy influyentes. Son valientes. Nos iluminan. Nos recuerdan el poder de la palabra escrita. Nos muestran cómo palabras pequeñas pueden combinarse para hacer cambios grandes. Las palabras "Todos los hombres son creados iguales" y "nosotros, el pueblo" alguna vez fueron escritas en papel y más tarde cambiaron el mundo.

Visitantes observan la Declaración de Independencia y la Constitución en Washington D. C.

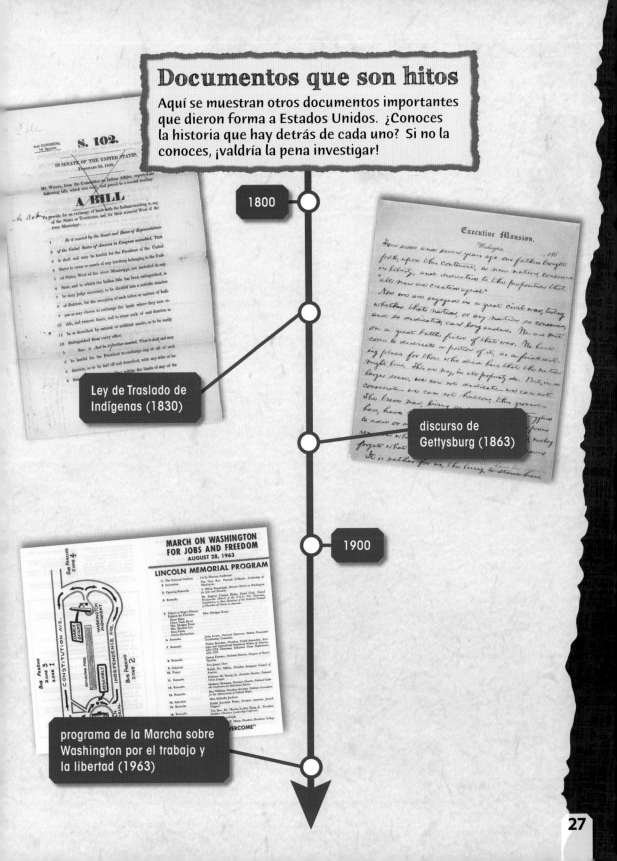

Documentos que son hitos

Aquí se muestran otros documentos importantes que dieron forma a Estados Unidos. ¿Conoces la historia que hay detrás de cada uno? Si no la conoces, ¡valdría la pena investigar!

1800

Ley de Traslado de Indígenas (1830)

discurso de Gettysburg (1863)

1900

programa de la Marcha sobre Washington por el trabajo y la libertad (1963)

¡Reescríbelo!

Lee el Preámbulo de la Constitución que se muestra a la derecha. Estudia las palabras con atención. Quizá necesites usar un diccionario o un diccionario de sinónimos. Luego, reescríbelo con tus propias palabras. Asegúrate de que lo que escribas signifique lo mismo que el texto original. Comparte tu versión del Preámbulo con tus amigos y tu familia. Conversa sobre lo que significa el Preámbulo y por qué es importante.

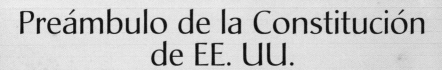

Preámbulo de la Constitución de EE. UU.

"Nosotros, el Pueblo de Estados Unidos, a fin de formar una Unión más perfecta, establecer la Justicia, consolidar la Paz interior, proveer a la defensa común, promover el Bienestar general y asegurar los beneficios de la Libertad para nosotros y para nuestra posteridad, promulgamos y establecemos esta Constitución para Estados Unidos de América".

Glosario

absueltos: liberados de responsabilidad

agravios: acciones en contra de los derechos e intereses de alguien

artículos: cada una de las partes de un documento legal que tratan un asunto en particular

confederación: un gobierno formado por varios estados en el que esos estados mantienen mucho poder para gobernarse

Congreso Continental: una reunión de delegados de las colonias para decidir cómo tratar con Gran Bretaña y qué leyes aprobar

constitución: el sistema de creencias y leyes por las cuales se gobierna un país, un estado o una organización

delegados: personas elegidas para hablar en nombre de cada una de las colonias en el Congreso Continental

derechos: cosas que las personas deben poder tener o hacer

documentos: papeles oficiales que dan información sobre algo

enmiendas: cambios en el texto o en el significado de una ley o un documento

esclavitud: situación en la que una persona es propiedad de otra y es obligada a trabajar sin recibir pago a cambio

federales: relacionados con el gobierno central de Estados Unidos

gabinete: un grupo de personas que aconsejan al líder de un gobierno

juramentos: promesas formales de hacer algo

lealtad: fidelidad a una persona, un país o un grupo

ratificar: hacer oficial algo mediante la firma o el voto

representantes: personas que actúan o hablan en nombre de otras personas u otros grupos

tiranía: trato cruel e injusto hacia unas personas por parte de otras con poder

traición: el delito de intentar derrocar al gobierno del propio país o de ayudar al enemigo del propio país durante una guerra

Índice

Derecho al voto

Esta foto muestra a personas manifestándose en la Marcha sobre Washington por el trabajo y la libertad, en 1963. La Decimoquinta Enmienda dio a las personas de todas las razas el derecho al voto. Las mujeres obtuvieron el derecho al voto en 1920 cuando se aprobó la Decimonovena Enmienda. Entonces, ¿por qué estas personas estarían protestando por el derecho al voto? Investiga acerca de la Marcha sobre Washington para averiguarlo y presenta lo que hallaste.